Die Cute Pets Fotosession

Für meinen Ehemann

Die Cute Pets starten durch

Natürlich hat sie Kitty angeregt, jetzt wo sie zu neunt waren, ein paar Bilder zu machen.

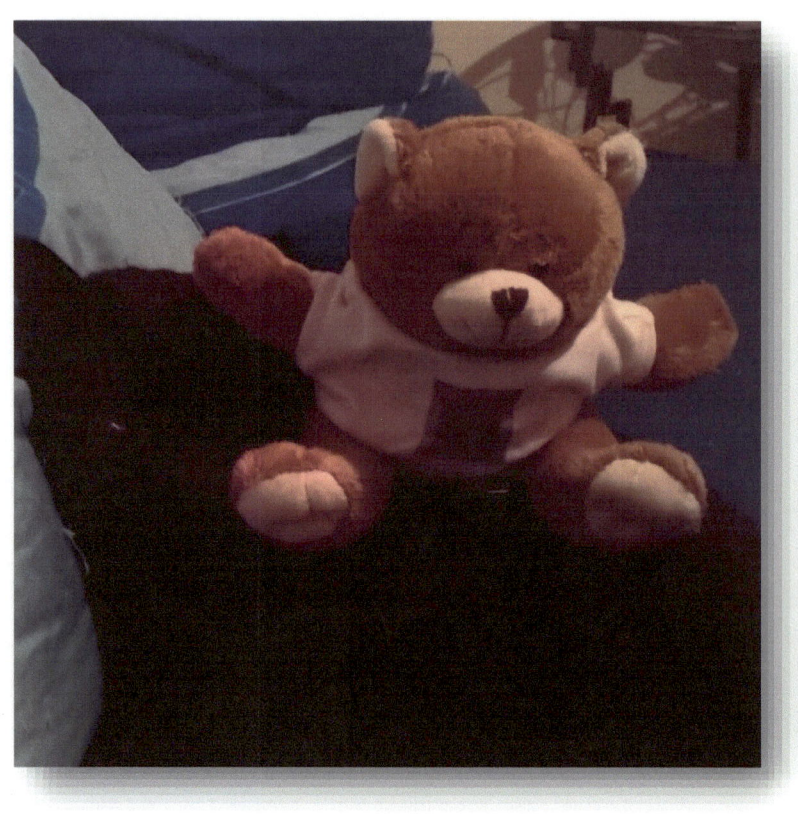

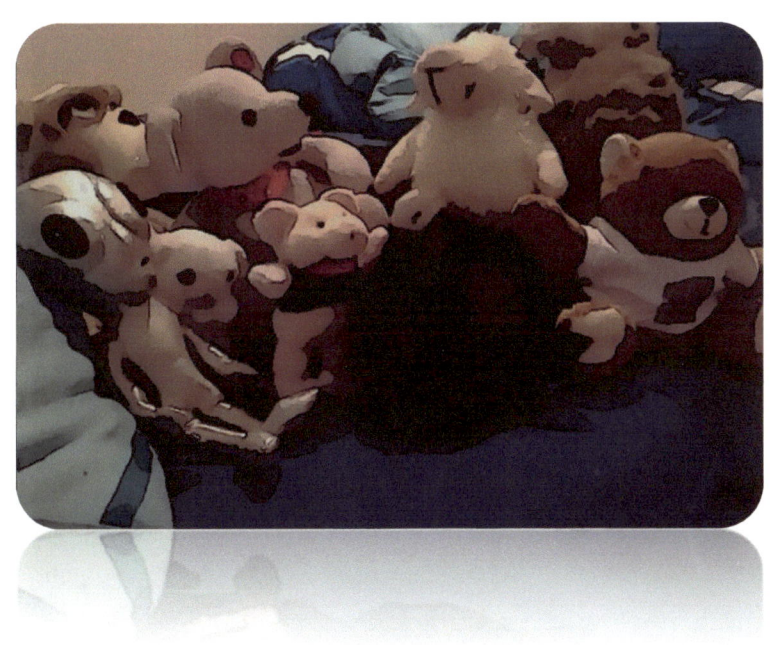

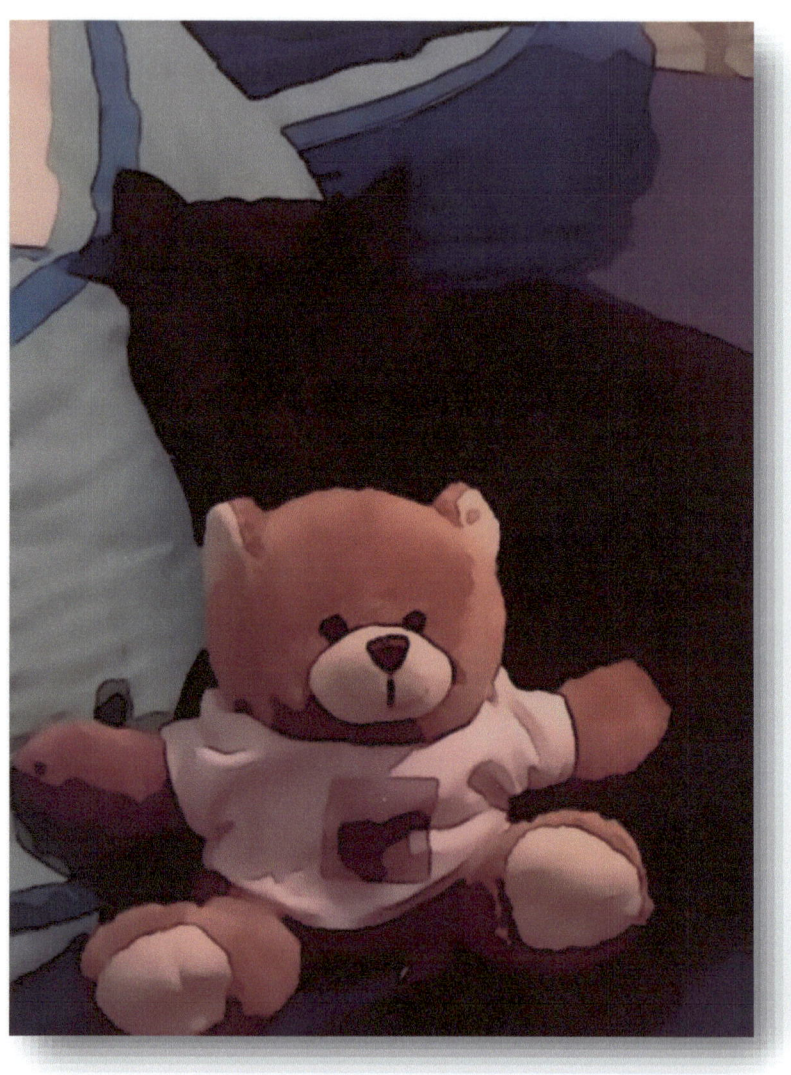

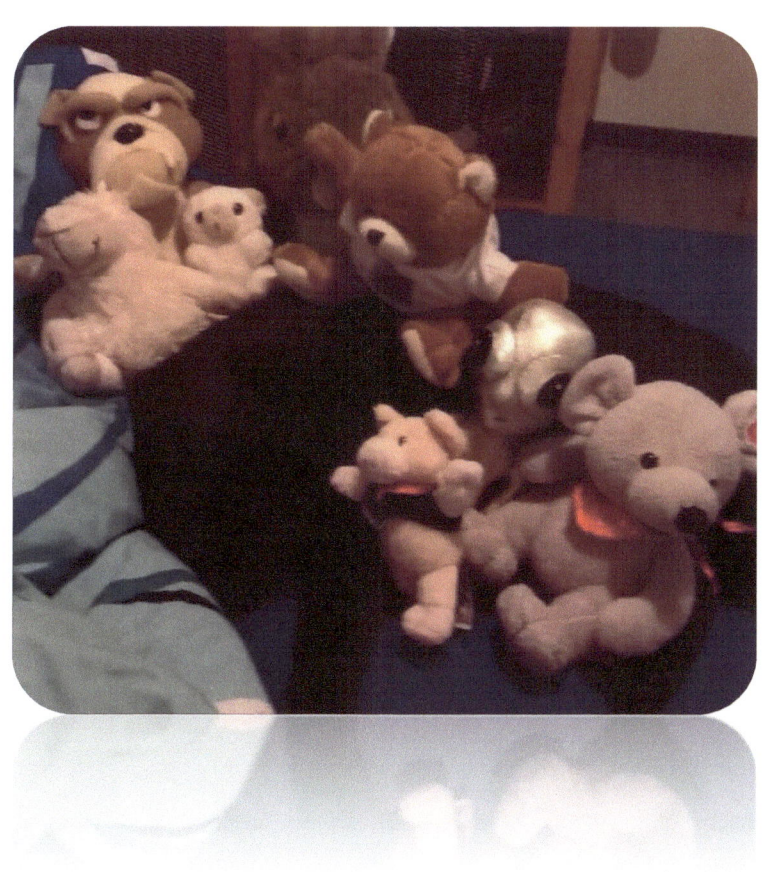

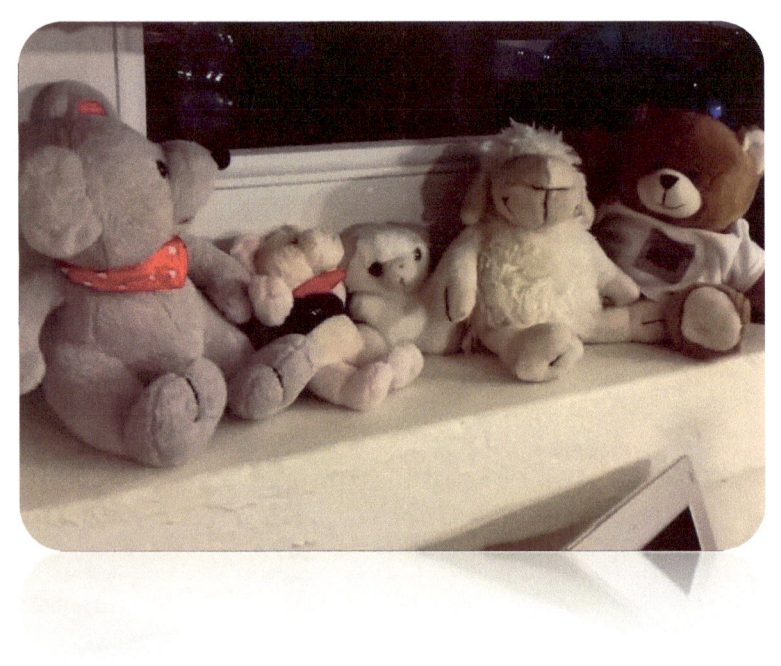

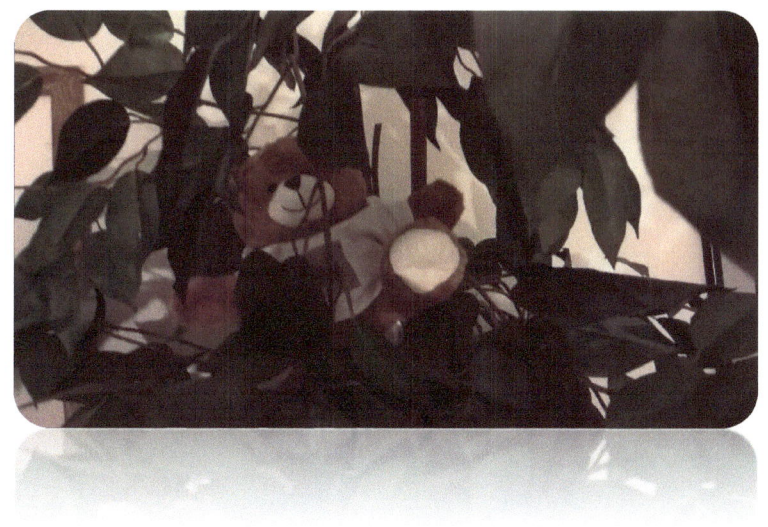

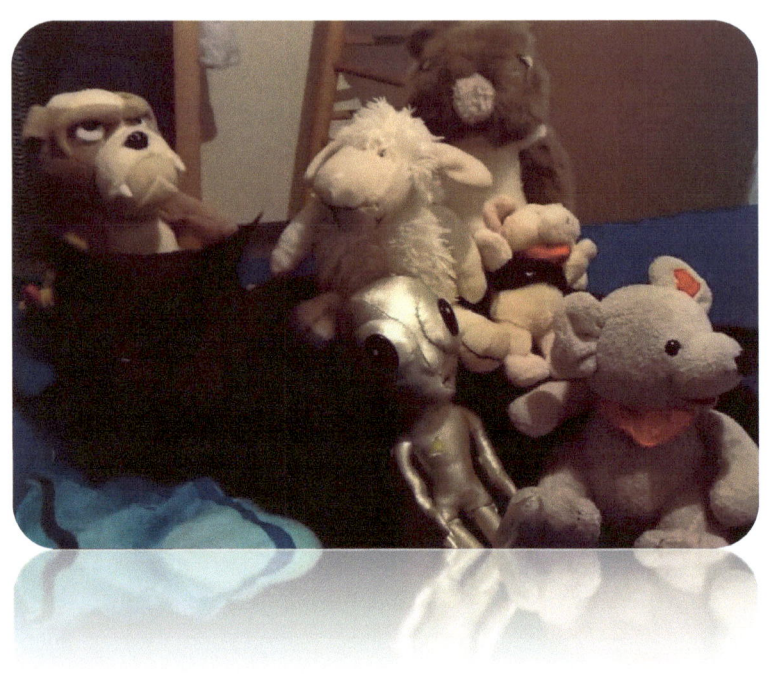

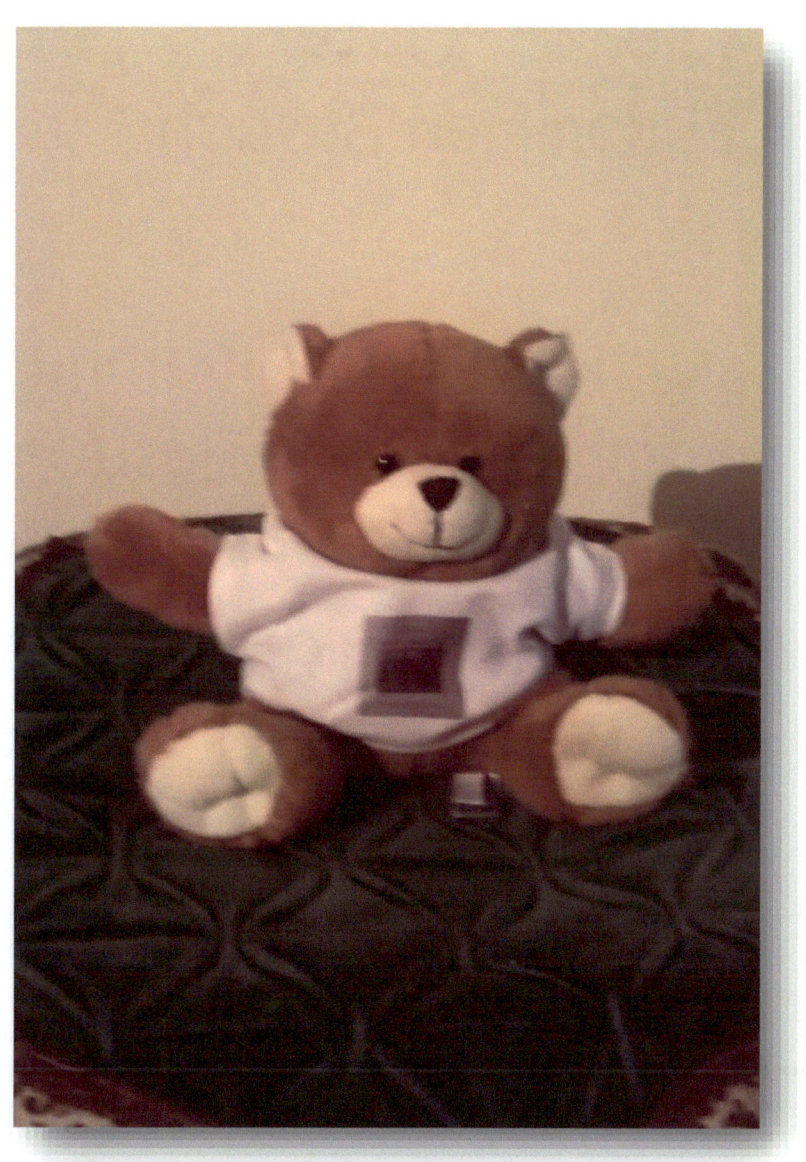

13

Die Cute Pets bekommen Besuch

Kittys Freundinnen kommen zu Besuch. Durch den Umzug hat sie die beiden Girls einige Zeit nicht gesehen und freut sich natürlich. Sie stellt ihre WG Bewohner vor und alle verstehen sich sehr gut. Die Cute Pets tragen den Cute Pets Song vor und die beiden Freundinnen singen begeistert mit.

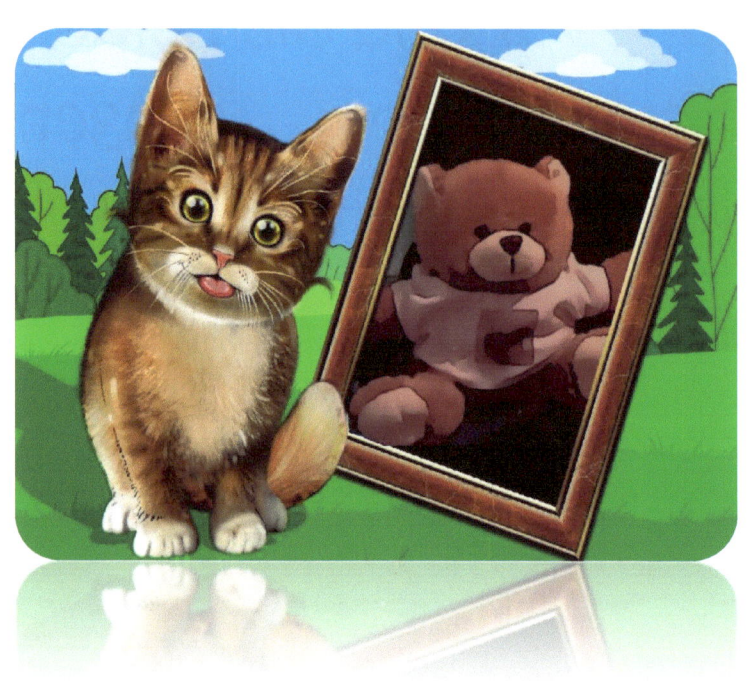

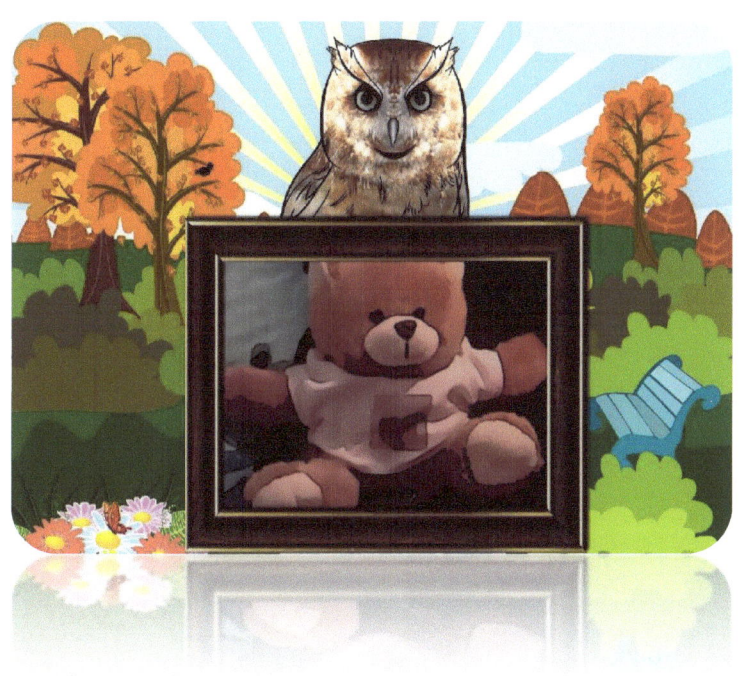

Kitty macht eine Collage

Nach der Fotosession helfen Kittys Freundinnen mit, eine Collage aus einigen Bildern zu machen. Die anderen haben sich zurückgezogen, um neue Stücke einzustudieren. Sie sind inspiriert und besonders Alien hat gute Ideen für Liedtexte.

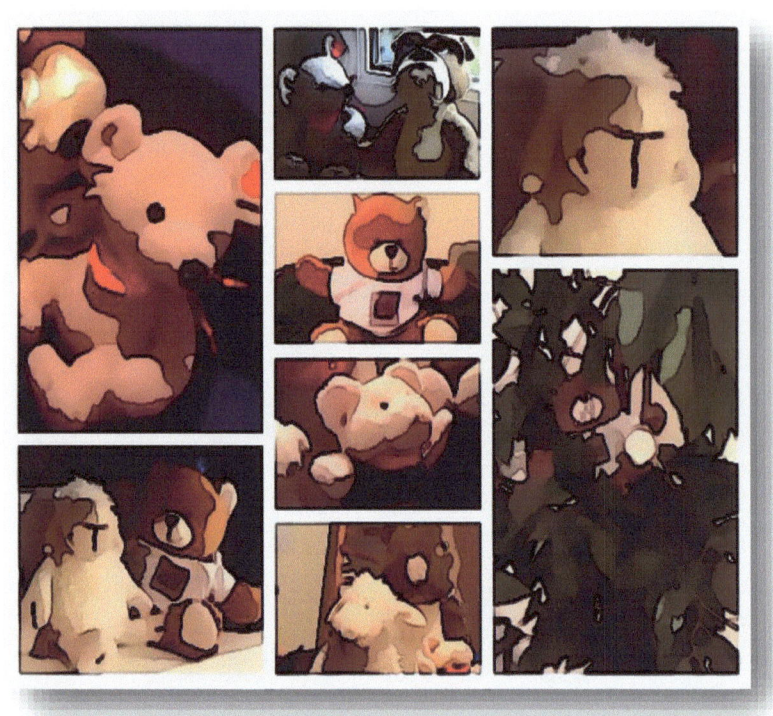

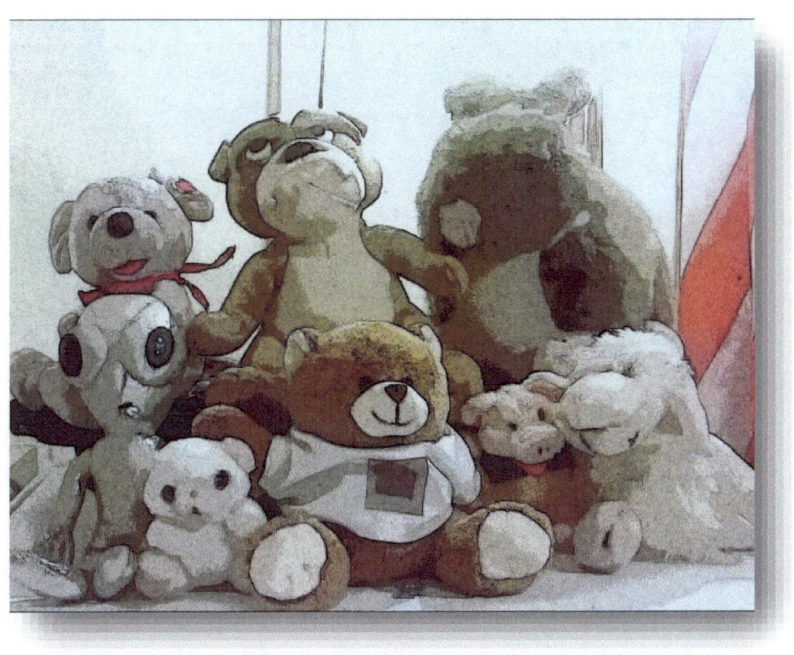

Die Cute Pets planen ein Konzert

Während Kitty und ihre Freundinnen heiße Schokolade trinken und Kuchen essen, planen Alien und Maehi ein Konzert. In der Stadt ist bald ein Fest und die beiden haben schon alles abgeklärt. Sie erzählten den anderen davon.   Die Begeisterung ist groß und das motiviert natürlich zum Üben. Es wird eifrig musiziert.

Besonders Danke ich meinem Mann

www.ingramcontent.com/pod-product-compliance
Lightning Source LLC
Chambersburg PA
CBHW041620180526
45159CB00002BC/940